AF151140

BEI GRIN MACHT SICH IHR WISSEN BEZAHLT

- Wir veröffentlichen Ihre Hausarbeit,
  Bachelor- und Masterarbeit

- Ihr eigenes eBook und Buch -
  weltweit in allen wichtigen Shops

- Verdienen Sie an jedem Verkauf

Jetzt bei www.GRIN.com hochladen und kostenlos publizieren

Bibliografische Information der Deutschen Nationalbibliothek:

Die Deutsche Bibliothek verzeichnet diese Publikation in der Deutschen National-
bibliografie; detaillierte bibliografische Daten sind im Internet über http://dnb.d-
nb.de/ abrufbar.

Impressum:

Copyright © 2015 GRIN Verlag
Druck und Bindung: Books on Demand GmbH, Norderstedt Germany
ISBN: 9783668661417

Dieses Buch bei GRIN:

https://www.grin.com/document/416277

Anne Sander

Ausbreitung und Verfolgung des Christentums bis zum 3. Jahrhundert

GRIN Verlag

GRIN - Your knowledge has value

Der GRIN Verlag publiziert seit 1998 wissenschaftliche Arbeiten von Studenten, Hochschullehrern und anderen Akademikern als eBook und gedrucktes Buch. Die Verlagswebsite www.grin.com ist die ideale Plattform zur Veröffentlichung von Hausarbeiten, Abschlussarbeiten, wissenschaftlichen Aufsätzen, Dissertationen und Fachbüchern.

Besuchen Sie uns im Internet:

http://www.grin.com/

http://www.facebook.com/grincom

http://www.twitter.com/grin_com

Johann Wolfgang Goethe-Universität Frankfurt am Main

Professur für Kirchengeschichte

Proseminar
Glaube und Geschichte
SoSe 2015

Ausbreitung und Verfolgung des Christentums bis zum 3. Jh.

Inhaltsverzeichnis

1. Einleitung

Diese Arbeit wird sich mit der Ausbreitung des Christentums und der Christenverfolgung im und vor dem 3. Jh. befassen. Es wird zuerst die geographische Ausbreitung angesprochen, worauf anschließend die Mission und auch die damit zusammenhängende Probleme etwas näher erläutert werden. Danach wird die Christenverfolgung an sich erklärt und auch verschiedene Kaiser vorgestellt, welche Verfolgungspolitik betrieben haben. Zuletzt werden das Ende der Christenverfolgung und das Toleranzedikt beschrieben.

Bis zum 3. Jh. war das Christentum noch eine junge Religion und begann sich gerade erst zu entwickeln und auszubreiten. Das Judentum war, im Gegensatz zum Christentum, bereits eine *religio licita*, also eine erlaubte Religion[1]. Da das Judentum eine alte Religion war, hatte es einen höheren Status und mehr Rechte als das noch junge Christentum[2]. Auch waren die Römer sehr tolerant anderen Religionen gegenüber, allerdings nur so lange die Öffentlichkeit dadurch nicht gefährdet oder gestört wurde[3]. Die Christen hatten bis dahin also nichts zu befürchten[4]. Eine Ausnahme ist die Verfolgung unter Kaiser Nero im Jahre 64 n. Chr.[5]. Hier wurden Christen für den Brand Roms schuldig gemacht, um zu vertuschen, dass Kaiser Nero selbst den Brand legte[6].

2. Ausbreitung

Zu Beginn war es dem Christentum möglich, sich schnell und effizient auszubreiten. Bis zur Mitte des 3. Jh. wurde das Christentum zu einer Massenbewegung, es war allerdings immer noch eine religiöse Minderheit[7]. Daraufhin wurde der Staat und das Volk auf die Christen aufmerksam, was später dann auch zur Christenverfolgung führte[8]. Das Christentum breitete sich größtenteils durch die Mission aus. Allerdings verbreitete es sich auch von ganz alleine, da viele neue Christen ihren Bekannten und

---

[1] Cf. Piepenbrink, Karen, Konstantin der Große und seine Zeit (Geschichte Kompakt), Darmstadt 2007, S. 21 [Im Folgenden: Piepenbrink (2007)]
[2] Cf. Lepelley, Claude, Die Christen und das Römische Reich, in: Pietri, Luce (Hrsg.), Die Geschichte des Christentums. Religion – Politik – Kultur, Bd. 1: Die Zeit des Anfangs (bis 250), Freiburg/ Basel/ Wien 2003, S. 239 [Im Folgenden: Lepelley (2003)]
[3] Cf. Piepenbrink (2007), S. 21
[4] Cf. Piepenbrink (2007), S. 21
[5] Lepelley (2003), S. 232
[6] Lepelley (2003), S. 232
[7] Cf. Brox, Norbert, Kirchengeschichte des Altertums, Düsseldorf 1983, S. 28 [Im Folgenden: Brox (1983)]
[8] Cf. Brox (1983), S. 28

Freunden vom Christentum erzählten und sie oft davon überzeugen konnten[9]. Händler und Seeleute konnten auf ihren Reisen Fremde mit dem Christentum vertraut machen und so das Christentum in andere Länder bringen[10].

2.1. Geographische Ausbreitung

Auffällig ist, wenn man sich mit der geographischen Ausbreitung des Christentums befasst, dass es zu Beginn im Osten weiter verbreitet war als in westlichen Ländern und sich auch früher im Osten ansiedelte und von dort in den Westen wanderte[11]. Ende des 1. Jh. gab es bereits Gemeinden in Palästina und Syrien[12]. Zu dieser Zeit begann das Christentum sich in Rom auszubreiten[13]. In Rom war eine der größten christlichen Gemeinden mit geschätzten 10 000 Mitgliedern zu finden[14]. Gegen Ende des 2. Jh. bildeten sich Gemeinden in Germanien, Spanien und Ägypten. Abgesehen von Rom gab es auch in Syrien und Ägypten große Gemeinden[15].

2.2. Mission

Der Grund für die erfolgreiche Ausbreitung ist hauptsächlich die Mission. Besonders nach dem Ende der Christenverfolgung gewann das Christentum dadurch viele neue Anhänger, da Missionare in weiter entfernte Länder kamen und es außerdem beliebter wurde zum Christentum zu konvertieren[16]. Juden missionierten schon vor den Christen und stellten ihren Glauben eher als eine Philosophie und nicht unbedingt als eine Religion dar[17]. Diese Strategie wurde von den Christen kopiert[18]. Außerdem fand das Christentum durch das Judentum einfachen Anschluss, da viele Inhalte, wie zum Beispiel der Monotheismus, beider Religionen sehr ähnlich sind[19]. Es sind viele Juden und besonders Proselyten, also Juden, die einmal Heiden waren, zum Christentum konvertiert[20]. Das lag daran, dass Christen häufig in der Nähe von Synagogen gepredigt haben, wodurch viele Juden auf das Christentum aufmerksam wurden[21].

---

[9] Cf. Brox (1983), S. 36
[10] Cf. Brox (1983), S. 36
[11] Cf. Brox (1983), S. 29
[12] Cf. Brox (1983), S. 28
[13] Cf. Brox (1983), S. 28
[14] Cf. Brox (1983), S. 29
[15] Cf. Brox (1983), S. 29
[16] Cf. Brox (1983), S. 30
[17] Cf. Brox (1983), S. 34
[18] Cf. Brox (1983), S. 34
[19] Cf. Brox (1983), S. 34
[20] Cf. Brox (1983), S. 31
[21] Cf. Brox (1983), S. 34

Ein weiterer Vorteil war die Einheitlichkeit des Römischen Reiches[22]. In den verschiedenen Ländern gab es nicht viele Unterschiede in Kultur oder Mentalität[23]. Missionare konnten also auf Altgriechisch predigen und immer von den gleichen Themen sprechen und mussten sich nicht extra an ein Land anpassen[24]. Sie konnten in anderen Ländern missionieren, ohne sich dabei Sorgen über fremde Sprachen oder Denkweisen zu machen, wodurch sich das Christentum rasant in vielen Ländern ausbreiten konnte[25]. Christen profitierten besonders von dem fortschrittlichen Straßensystem der Römer[26]. Dadurch war es möglich, dass das Christentum in viele Länder kam und sich besonders an den Hauptstraßen gut ausbreiteten konnte[27]. Das Römische Reich befand sich zu der Zeit in einer Friedensphase[28]. Auch das erleichterte die Mission deutlich, da es so viel sicherer war in andere Länder zu reisen und dort zu predigen[29].

Ein weiterer Faktor, warum das Christentum so gut bei den Menschen ankam ist, dass Christen Menschen aus allen sozialen Schichten aufnahmen[30]. Am ehesten konvertierten Angehörige der Mittel- und Unterschicht, also Bedienstete, Handwerker oder Kaufleute[31]. Sie „gewannen" dadurch am ehesten an Status. Aber auch Leute mit einem höheren Stand in der Gesellschaft, wie zum Beispiel Gelehrte, schlossen sich den Christen an[32]. Durch diese Verwerfung der sozialen Abgrenzung gewann das Christentum schnell an Beliebtheit, da sich alle Menschen, egal aus welcher Schicht, integrieren konnten und gleichgestellt waren[33].

Die patriarchische Familienstruktur der damaligen Gesellschaft kam dem Christentum gelegentlich zu Hilfe[34]. Der Familienvater bestimmte über den Glauben des gesamten Haushalts; wurde er konvertiert, so musste die komplette Familie, inklusive

---

[22] Cf. Brox (1983), S. 33
[23] Cf. Brox (1983), S. 33
[24] Cf. Brox (1983), S. 33
[25] Cf. Brox (1983), S. 33
[26] Cf. Brox (1983), S. 33
[27] Cf. Brox (1983), S. 33
[28] Cf. Brox (1983), S. 33
[29] Cf. Brox (1983), S. 33
[30] Cf. Brox (1983), S. 32
[31] Cf. Brox (1983), S. 32
[32] Cf. Brox (1983), S. 32
[33] Cf. Brox (1983), S. 32
[34] Cf. Brox (1983), S. 31

Bediensteten, ebenfalls konvertieren[35]. Somit gewann das Christentum durch die Christianisierung einer Person gleich mehrere dazu.

2.3. Probleme

Diese Familienmission konnte aber auch zu Problemen führen. Natürlich kann das Familienoberhaupt den ganzen Haushalt zum Christentum bringen. Dies war aber das optimale Szenario und ist oft nicht so abgelaufen. Es konnte passieren, dass zum Beispiel nur die Mutter konvertieren wollte, was aber nicht möglich war, da sie eine niedrigere Stellung in der Familienhierarchie als der Vater besaß[36]. Das hatte zur Folge, dass sich die Mutter von ihrer Familie trennen musste um zum Christentum überzugehen, oder dass sie als Nichtchristin bei der Familie bleibt, was für die damalige Zeit wahrscheinlicher war[37]. Dadurch machte sich das Christentum aber auch unbeliebter, weil es der Grund war, dass sich Familien trennten.

Ein weiteres Problem war, dass die Christen nicht an städtischen Festen teilnahmen[38]. Sie gingen auch nicht ins Theater und isolierten sich somit von der Gesellschaft[39]. Da Feste und Theaterbesuche der Mittelpunkt und Hauptaktivität der römischen Gesellschaft waren, fanden es viele Bürger verdächtig, dass die Christen nicht daran teilnahmen[40]. Christen versammelten sich zum Gottesdienst, welcher aber nicht öffentlich, sondern privat in den Häusern von Christen stattfand[41]. Sie isolierten sich aber nicht nur von der Gesellschaft, sondern distanzierten sich auch noch vom Staat, da sie den Kriegsdienst aus moralischen und religiösen Gründen verweigerten[42].

Auch die Mission wurde zum Problem, weil christliche Missionare oft Heiden und ihren Glauben schlecht machten und das Christentum als die bessere, richtige Religion darstellten[43]. Es wurden außerdem viele Heiden von christlichen Themen abgeschreckt. Besonders der Monotheismus war besonders unverständlich, da es so viele verschiedene römische Götter gab[44]. Der Polytheismus war ein wichtiger Bestandteil der römischen Gesellschaft[45]. Jede Gottheit hatte eine andere soziale oder politische Funktion[46]. Die

---

[35] Cf. Brox (1983), S. 31
[36] Cf. Brox (1983), S. 31
[37] Cf. Brox (1983), S. 31
[38] Cf. Piepenbrink (2007), S. 21
[39] Cf. Piepenbrink (2007), S. 21
[40] Cf. Piepenbrink (2007), S. 21
[41] Cf. Piepenbrink (2007), S. 34
[42] Cf. Brox (1983), S. 47
[43] Cf. Brox (1983), S. 46
[44] Cf. Brox (1983), S. 44
[45] Cf. Brox (1983), S. 44
[46] Cf. Brox (1983), S. 44

Christen akzeptierten diese Götter aber nicht, da sie ja nur einen Gott haben. Dadurch erkannten sie auch die sozialen und politischen Funktionen dieser Götter nicht an und wurden somit zu einer Gefahr für die Ordnung im Römischen Reich[47]. Daher fiel es auch vielen Heiden schwer das Christentum zu akzeptieren oder ernst zu nehmen.

3. Christenverfolgung

Auslöser für die Christenverfolgung war die Ansammlung der gerade genannten Probleme. Sie stauten sich so lange auf, bis es zu ersten Ausschreitungen kam[48]. Es gab zwei verschiedene Arten der Christenverfolgung; von Seiten des Staates und von Seiten des Volkes[49]. In 250 n. Chr. verordnete Kaiser Decius, dass alle Bürger den römischen Göttern opfern müssen[50]. Dies hatte zur Folge, dass die Christen sich entweder weigerten und bestraft wurden, oder, dass sie sich vom Christentum abwendeten[51]. Da alle Bürger opfern mussten, ging das Opferedikt nicht direkt gegen die Christen[52]. Decius ging es eher um die Sicherheit des Reiches und das Wohl der Gesellschaft, als um eine Maßnahme gegen die Christen[53]. Im Gegensatz dazu, ging Kaiser Diocletian schon viel gezielter gegen das Christentum als Religion vor[54]. Er führte im Beginn des 4. Jh. die Christenverfolgung nach jahrzehntelanger Ruhe wieder ein[55]. Der Grund dafür war ein misslungenes Opfer[56]. Daraufhin verkündigte Diocletian, dass alle Kirchen und christliche Schriften zu vernichten seien[57]. Als dann noch sein Palast niederbrannte und man die Christen beschuldigte, wurde das Opferedikt wieder eingeführt und Kleriker verhaftet[58]. Diesmal wurde das Opfergebot eingeführt, nicht um das Wohl des Reiches zu sichern, sondern um gezielt Christen aufzuspüren und das Christentum zu verdrängen[59]. In 305 n. Chr. dankte Diocletian ab, womit sich auch die Christenverfolgungen verringerten[60]. Sein Nachfolger war Kaiser Galerius, welcher kurz vor seinem Tod in 311 n. Chr. offiziell die Christenverfolgung mit dem

---

[47] Cf. Brox (1983), S. 44
[48] Cf. Brox (1983), S. 48
[49] Cf. Brox (1983), S. 51
[50] Cf. Brox (1983), S. 53
[51] Cf. Brox (1983), S. 53
[52] Cf. Piepenbrink (2007), S. 22
[53] Cf. Piepenbrink (2007), S. 22
[54] Cf. Piepenbrink (2007), S. 23
[55] Cf. Piepenbrink (2007), S. 23
[56] Cf. Piepenbrink (2007), S. 23
[57] Cf. Piepenbrink (2007), S. 23
[58] Cf. Piepenbrink (2007), S. 23
[59] Cf. Piepenbrink (2007), S. 24
[60] Cf. Piepenbrink (2007), S. 24

Toleranzedikt beendete[61]. Zu Beginn betrieb Galerius aber auch Verfolgungspolitik[62]. Erst als er krank wurde und im Sterben lag, sah er ein, dass die Verfolgung keinen Sinn hat und erließ das Toleranzedikt[63].

4. Toleranzedikt

Durch das Toleranzedikt wurde das Christentum zu einer *religio licita*, ein Status, den das Judentum bereits erreicht hatte[64]. Das bedeutete für die Christen, dass sie öffentlich ihren Glauben zeigen konnten, gemeinsam Gottesdienste in Kirchen feiern durften und die Kirche als eine Institution mit Recht auf Besitz anerkannt wurde[65]. Christen war es nun erlaubt, neue Kirchen zu bauen beziehungsweise Kirchen zu reparieren, die unter Kaiser Diocletian zerstört wurden[66]. Dafür verlangte Kaiser Galerius von den Christen Loyalität zum Römischen Reich[67]. Das bedeutete, dass die Christen zwar zu ihrem Gott beten durften, sie mussten aber auch für das Wohl des Reiches und Kaisers beten[68]. Es ging Galerius also, wie Decius, eher um die politischen und nicht so sehr um die religiösen Aspekte[69]. Da die Christen nicht zu den römischen Göttern beteten, so sollten sie zu ihrem eigenen Gott für das Reich beten[70]. Galerius tat das alles aber nicht aus Nächstenliebe oder Mitleid für die Christen[71]. Er war auch nach Erlassung des Toleranzedikts kein Freund der Christen[72]. Die Ausdrucksweise, die Galerius bei der Verfassung des Edikts nutzte, zeigt auch seine eher negative Neigung den Christen gegenüber[73]. Seine genauen Beweggründe für die Erlassung des Edikts sind nicht bekannt[74]. Es wird vermutet, dass es mit seiner schweren Krankheit zusammenhängt oder mit der Erkenntnis, dass die Christen sich nicht von ihrem Glauben abwendeten[75].

Das Toleranzedikt ist aber nur das offizielle Ende der Christenverfolgung. Der Staat akzeptiert nun Christen. Allerdings konnte man das Volk auch nicht innerhalb eines Tages davon überzeugen. Es gab also selbst nach der Erlassung des Edikts immer noch

---

[61] Cf. Piepenbrink (2007), S. 33
[62] Cf. Brox (1983), S. 53
[63] Cf. Piepenbrink (2007), S. 34
[64] Cf. Piepenbrink (2007), S. 34
[65] Cf. Piepenbrink (2007), S. 34
[66] Cf. Piepenbrink (2007), S. 34
[67] Cf. Brox (1983), S. 54
[68] Cf. Brox (1983), S. 53
[69] Cf. Piepenbrink (2007), S. 34
[70] Cf. Brox (1983), S. 54
[71] Cf. Piepenbrink (2007), S. 34
[72] Cf. Piepenbrink (2007), S. 34
[73] Cf. Piepenbrink (2007), S. 34
[74] Cf. Piepenbrink (2007), S. 34
[75] Cf. Piepenbrink (2007), S. 34

Übergriffen von Seiten des Volkes[76]. Jedoch waren diese nicht so gut strukturiert und erfolgreich wie die vorherige geplante Christenverfolgung[77].

5. Schluss

Zusammenfassend lässt sich also sagen, dass zu Beginn das Christentum es sehr leicht hatte sich auszubreiten. Das lag an den guten Bedingungen im Römischen Reich, wie zum Beispiel die Einheitlichkeit der verschiedenen Länder oder auch den guten Reisebedingungen. Missionare brachten das Christentum in viele Länder, wo es schnell Fuß fasste. Anfangs bildeten sich mehr Gemeinden im Osten, obwohl die größte Gemeinde in Rom war. Händler und Seefahrer halfen dabei, das Christentum auf ihren Reisen zu verbreiten. Aber auch Christen, die nicht reisten, erzählten ihren Mitmenschen davon und konnten sie so christianisieren. Viele Juden konvertierten, da christliche Missionare in der Nähe von Synagogen predigten und somit ihre Aufmerksamkeit gewannen. Manchmal gelang es, dass ganze Familien christianisiert wurden. Wenn dies allerdings nicht gelang, wurden Familien oft zerrissen, da einzelne Familienmitglieder Christen wurden, der Rest aber nicht. Dadurch kam es zu Spannungen zwischen den Christen und den Römern. Andere Probleme, wie die essentiellen Unterschiede beider Religionen, steuerten zu diesen Spannungen bei, bis sich so viele Probleme aufstauten und es zur Christenverfolgung kam. Unter Kaiser Decius kam es zu einem Opferedikt. Kaiser Diocletian griff dieses Edikt wieder auf, zielte es diesmal aber direkt gegen die Christen. Durch das Toleranzedikt von Kaiser Galerius in 311 n. Chr. wurde die Christenverfolgung offiziell beendet und das Christentum zu einer *religio licita* erklärt.

---

[76] Cf. Brox (1983), S. 54
[77] Cf. Brox (1983), S. 54

7

6. Literaturverzeichnis

BROX, Norbert, Kirchengeschichte des Altertums, Düsseldorf 1983.

LEPELLEY, Claude, Die Christen und das Römische Reich, in: Pietri, Luce (Hrsg.), Die Geschichte des Christentums. Religion – Politik – Kultur, Bd. 1: Die Zeit des Anfangs (bis 250), Freiburg/ Basel/ Wien 2003.

PIEPENBRINK, Karen, Konstantin der Große und seine Zeit (Geschichte Kompakt), Darmstadt ²2007.